Palavra do autor

Este livro é baseado em fatos reais de uma família que sofreu um grande revés, tal acontecimento levou grande agitação aquele pequeno lugar. Quem viu, imaginou que tudo tinha acabado, e que para os órfãos restava esperar a morte chegar "coitadas, crianças que não viriam o amanhã". Os fatos diziam isto.

Para narrar esta história precisava de conhecimento mais abrangente do casal, diante desta necessidade fui buscar informação com quem os viu e tivera convívio com o pai e a mãe. – Muitos desses tiveram as mesmas desesperanças em relação àquelas crianças "a morte já, já vai chegar".

Depois de colhida tais informações pude juntar com as minhas. Eu distante e tão perto via e sentia sem poder fazer nada, viver era preciso. – o sofrer às vezes nos cega.

Nesta caminhada tive que passar por caminhos desprezados, sim, não queria me lembrar, mas não teve jeito, trombei com passado, sofri, ri, chorei, cheguei me arrepender, mas fui em frente, tudo muito confuso e chocante com pouquíssima alegria.

Nesta "viagem" pude observar: essas mulheres

foram valentes, apesar te tão novas aguentaram firme, nunca desanimaram. Quis saber qual é o segredo, "ficaram firme na fé, porque quem tem promessa de Deus nunca morre antes das promessas se cumprirem".

Você, leitor ficará fascinado com esta narrativa baseada em fatos reais.

Aproveito para dedicar este livro as personagens que viveram a verdade da história:
Zenilda,
Zemilda,
Zelícia...
Hoje, empresárias, dona de casa e avós.
– A lembrança valeu a pena, viva história...

Deus é real...

Capítulo 1

Antes de expor esta narrativa tive que buscar um pouco mais de conhecimento sobre a vida dele, um homem que naturalmente tinha atributo para ser amado imediatamente por aquele menino, mas não foi, e o porquê foi surpreendente. Achei que era obrigação minha conferir um pouco também sobre aquilo que não vi, mas sabia de alguma maneira, e de outras que escutei e prestei atenção; para isto arregacei as mangas, e fiz o que deveria fazer, fui atrás de pessoas que conviveram com ele. Nesta caminhada muitos não foram encontrados, já tinham chegado ao fim desta vida; não é de se admirar, pois o narrador desta história já viveu mais de meio século, e nem havia nascido quando aquele homem já vivia sua história, portanto, não há motivo de surpresa diante da descoberta de que muitos que conviveram com ele já não existissem. Os poucos que conheci, ainda bem, eram pessoas confiáveis, algumas conviveram mais com ele, outras nem tanto, mas de conhecimento suficiente para aquilo que eu queria; a maioria moradora distante. Não liguei para distância, era importante trazer a história mais completa. Deste modo pude juntar um pouco das lembranças, coisas que vi naquele homem com as que me contaram e tentar expor sua história sem trair a verdade.

Ele nasceu em uma cidade pequena, toda sua família trabalhava na lavoura, a circunstância o obrigou seguir este caminho, porém não gostava, o trabalho de pegar na enxada não era com ele. – A mão de obra naquele tempo era totalmente manual. Seu trabalho predileto era negociar. Ele admirava quando vinha ao sítio alguns sujeitos querendo comprar a colheita de arroz e milho da família, mesmo antes da colheita ser realizada. – Eram os atravessadores, pessoas que compravam por preço baixíssimo e revendiam aos armazéns, pessoas estas bem informadas com o mercado futuro. – Ele seguia de perto esse pessoal, criou lastro, capitou conhecimento, acabou sendo representante na região de um desses compradores. Mas sua vida não seguiu este caminho de imediato. Apaixonou-se por uma descendente de italiano em uma cidade afastada, bem longínqua da sua, e bem maior em termos de população, de territorial nem tanto. A procedência dela era também da lavoura, mas de outro nível, apesar da família grande tinha recursos diferentes, bem abundantes, nada que pudesse deixar de trabalhar na roça, a diferença é que as terras eram da família dela, suas mulheres não pegavam na enxada e não havia outras despesas a não ser dos empregados. Ele não tinha terras, vivia com os pais e andava com os compradores, se ganhava alguma coisa ninguém sabia. Quando se apaixonou teve que mudar de vida, arrendou umas terras. O pagamento pelo uso dela era de trinta por cento da colheita, fora a semente, entretanto dizem que pagava pouco, pois o normal era de 40 a 50 por cento.

Os pais de sua amada não aceitaram o relacionamento, mesmo contra gosto sua amada foi em frente. Lá naquelas bandas casamento tinha que existir com muita festa, um garrote era morto, muitos frangos e leitoa, tudo oferecido pelos pais da noiva, no dele não houve nada disso, mas o casamento existiu. Neste dia ouve juras, assim como acontece nos nossos dias. –Diante disso posso dizer que o jeito de casar nunca se modernizará, pois não há como mudar, e mais, só homem e mulher se casam, o que estiver fora disso é invenção do homem ou do diabo. – Foram morar em terra arrendada, cultivavam... – esqueci de perguntar se havia mais cultura além da de milho e feijão, porém sei que tinha pés de laranja, de limão e também uma grande criação de porcos e galinhas. – Era muito trabalho, os dias passavam depressa, a esposa não rejeitava trabalho, apesar disso, logo ficou grávida; a labuta era dura, e ele tinha que acompanhar, mas não gostava disso, contudo não tinha escolha, poderia ter feito isto antes, mas agora não dava mais, sua mulher já com a barriga grande, com uma criança por chegar ele não podia buscar outros afazeres, não era momento de tentar realizar sonho, mesmo a contra gosto ele ia em frente, quem sabe aguardava o tempo certo. No entanto o tempo passou depressa e não lhe deu um tempo, sua esposa ficou grávida novamente, ficou grávida, ficou grávida, não aguentou mais e morreu.

Aquele homem passou por isto, foi o que me contaram. Não foi por curiosidade que quis saber sobre seu passado, é que para narrar sua história precisava de conhecimento mais abrangente, e aquele grau de parentesco tão perto e tão distante me incomodava, por isto, saber de sua história para compreender momentos ocorridos era necessário, tentar conhecê-lo melhor era dupla obrigação. Nesta caminhada tive que passar por caminhos desprezados, sim, não queria me lembrar, mas não teve jeito, trombei com passado, sofri, ri, chorei, cheguei me arrepender, mas fui em frente, tudo muito confuso e chocante com pouquíssima alegria. Nesta "viagem" pude observar que aquele homem nunca se realizou, apesar de sua paixão, quem sabe em prol da família abriu mão dos objetivos pessoais, porém nisso não há louvores é obrigação o cuidado. É certo, quando vivia sua vida tivera muitos planos, o profissional era o mais evidente, mas quando seu caso de amor virou casamento esses planos ficaram pra depois, contudo a vida passa depressa, nem sempre dá tempo para todos os projetos.

"Você já prestou atenção como a vida passa depressa? As escolhas são quem escrevem o destino. Entretanto cuidado, arrependimento que deixa remorso abriga cicatriz, com o passar do tempo se alastra na gente e nos domina, só Deus pode dar libertação".

Uma nova história aquele homem teria que enfrentar, sua mulher partiu desta vida muito cedo, a lavoura era ela quem puxava, ele não gostava deste afazer e não queria continuar, estava sem saída, olhava para suas crias, não lamentava, mas ali estava a grande dificuldade, acuado, vivia calado, todos ao redor imaginavam que era sofrimento pela perda da esposa, com certeza havia muito, mas não era tudo. Os dias pareciam longos, a angústia tomou conta. Um senhor de nome Marcos, sabendo do acontecido foi aquela casa, ele já havia passado por lá, levava sempre consigo uns folhetos com mensagens do Cristianismo, certa vez foi no vizinho juntamente com outros e fez uma reunião, toda a vizinhança esteve presente, lá foi mostrada uma mensagem diferente da religião oficial, uma mensagem sem religiosidade, falava da liberdade em Cristo, da libertação e como se conseguiria viver com Deus longe da religião, foi um dia marcante naquela vila e inesquecível para muitos. Os dias passaram, mas a mensagem não se apagou e agora estava ali novamente aquele senhor. A mocinha que o recebeu logo reconheceu quem era ele, o levou ao seu pai, este não esboçou nenhuma satisfação por estar recebendo o senhor Marcos, a amargura parecia que o tinha tomado por completo, disse um oi, estendeu a mão por educação, o senhor Marcos desprezou a mão estendida, lhe deu um forte abraço, falou algo baixinho ao ouvido, os olhos de ambos lacrimejaram. A dor parecia que tinha se dividido. Depois de alguns minutos reuniu todas as crianças juntamente com o pai, inclusive os bebês, e aquele senhor leu o que está escrito no livro de Salmo vinte quatro: *"do Senhor é a terra e a sua plenitude, o mundo e aqueles que nele habitam"*. E continuou falando: Se tudo é daquele que nos criou temos que compreender que Ele é Senhor de todas as coisas. Sei que este é um momento triste, mas posso garantir que Deus não abandona àqueles que o buscam. A morte da carne ninguém escapa, o corpo voltará ao pó, mas o ser humano é corpo, alma e espírito, e mais, Deus cuida dos seus, Ele enviou aqui na terra Jesus Cristo para que o homem fosse liberto de toda obra do diabo, pois este é ladrão, só vem para roubar, matar e destruir; mas Jesus veio para que as pessoas tenham vida, a vida completa. Para isto acontecer não basta crer em Deus, Pois Tiago, um homem que conviveu com Jesus nos deixou assim escrito *'Tu crês que há um só Deus? Fazes bem; também os demônios o creem e estremecem'*. Demônios são anjos que aceitaram argumentos do diabo, diabo era um anjo maior, conhecido também como lucífer, era um anjo mais elevado, apesar disso ele achou que podia ser mais, quis ser independente de Deus, se elevou e tentou convencer alguns anjos a buscar autonomia do Criador, no caso abandonar a palavra de Deus. – todo ser é criado, deste modo precisa viver na palavra do seu Criador, esta palavra é a lei que lhe protege. Os anjos que aceitaram o argumento de buscar autonomia de Deus se perderam, a vida deles é sem sentido, pois vivem em trevas, e por ser espírito é impossível haver reconciliação, diante disso, querem que todo ser-humano siga este caminho, e assim fazer o humano viver na terra sobre influência deles e no final morar com eles no sofrimento eterno porque o espírito do ser humano não morrerá, a carne sim. Para conter eles Jesus Cristo veio aqui na terra entregar a todo homem poder para viver na luz, viver com Deus e destruir toda obra diabólica e expulsar demônios, mas não basta crer como estes antigos anjos fizeram um dia, tem que procurar viver dentro daquilo que Jesus nos trouxe, ou seja, a boa notícia, e mais, crer nele como diz as escrituras. Já a algum tempo o homem passou a acreditar mais naquilo que escutam que na palavra de Cristo, ninguém chega a Deus se não for através de Cristo. "Hoje eu trago libertação a esta família em nome de Jesus Cristo. Vocês jamais serão escravos de qualquer tipo de obra maligna, os demônios não terão mais direito sobre vocês, desde que vocês aceitem Jesus Cristo como o salvador, e nunca mais aceitem fazer qualquer tipo de culto a imagens ou coisa parecida, a palavra de Deus tem que andar com vocês, ela só anda se vocês quiserem, porque Jesus continua dizendo a todos nós *"Se alguém me ama, guardará minha palavra, meu pai o amará e viveremos para ele e faremos nele morada"* é a proteção eterna, crianças, Cristo será com vocês, não se assustem com o que parecer ser impossível na vida de vocês, as dificuldades não serão empecilhos para colheita do futuro, quem confiar verá a glória de Deus, do nada de hoje nascerá à independência de vocês".

Foi um dia lindo, ouve nascimento, vida nova, o senhor Marcos antes de ir embora chamou aquele homem lhe deu um forte abraço e se colocou a disposição dele.

Aquele ambiente não foi o mesmo a partir

daquele dia.

Aquela palavra do visitante deu energia nova, a palavra fez aquele homem reagir. Dois dias depois pegou suas crias dividiu entre parentes, foi em busca de sonhos, e talvez de um novo ninho.

Demorei muito a pensar na morte, mas observando a história daquele homem e olhando o dia a dia é evidente que a vida passa depressa. É difícil encontrar alguém e este dizer que está preparado para morrer, uma vez que desde pequeno o ser humano é preparado para viver a vida, no entanto a coisa mais certa da vida é que um dia a morte vai chegar. Contudo fica uma pergunta: quando o ser humano morre tudo se acaba? Para esta pergunta existem respostas de todo tipo, todas veem pelo meio de teorias, às vezes até através de pessoas de destaques na mídia, pessoas aparentemente importante, porém todas as respostas são muito vagas, muitas suposições. Hoje vivo sem dúvida, eu sigo o que Cristo ensinou, e ponto final, mesmo porque, ninguém pode provar o contrário.

Entrei neste tema porque observei atentamente o ocorrido com aquele homem, ele vendo a disposição daquela mulher nunca imaginava que a morte ia chegar tão depressa. Por isto devemos estar preparados. No interesse de chamar sua atenção acabei abandonando a narrativa inicial, mas a proposta é descrever a história mais admirável que vi sobre um homem, sua descendência e alguns que lhe rodeavam.

Então vamos aos fatos:

Ele deixou suas crias em casas de parentes diversos, duas ainda de fraldas em casas separadas, e saiu para o mundo. Não deixou lembrança aos pequeninos, devido à idade acho mesmo que saudades nunca tiveram.

Capítulo 2

Depois de alguns anos ele abriu a porteira, aquela senhora disse: alguém está abrindo a porteira, o guri que estava mais a frente, conferiu, e logo falou: é um senhor e está em um cavalo bonito. O sujeito empurrou a porteira e seguiu em frente, olhou para trás e notou que a porteira não fechou, precisava de um impulso, voltou e fez o necessário. O menino que observava a distância quando o viu voltar se tranquilizou, deu as costas, em seguida gritou com intrepidez que o homem estava indo embora, e arrematou com aspecto de valentia.

— talvez tenha notado que nós estávamos de olho nele.

Dissera com tom de alegria para aquelas duas senhoras. Entretanto a mais nova das senhoras continuou com seu olhar fixo, teve certeza, isto depois que a porteira foi fechada corretamente, viu claramente que o homem caminhava novamente em direção a casa, ela com o sorriso, chamou o menino, seu sobrinho pra perto de si, fez um carinho, o deixou. Antes dele dar o segundo passo ouviu o que nunca esperou.

— é o seu pai

Pai aquele menino não conhecia, pois esta

palavra só sua prima utilizava naquela casa para chamar o senhor de bigode que ali habitava, ele não seguiu o costume da menina, para ele esta palavra era exclusiva dela, o chamava pelo próprio nome e acrescentava a palavra tio antes. Talvez passasse por sua cabeça que pai fosse nome de alguém que trazia bala quando chegava a noite ou quem sabe ele tinha mandado aquela menina chama-lo de pai e ele lhe deu o apelido de filha. Não se sentia mais importante e nem menos por isto. Ambos ficavam esperando o senhor de bigode toda noite que saia, quando não saia havia sempre uma indagação, por que não foi? Esta pergunta era repetida, mas esta saída era sempre nos finais de semana.

Aquele homem chegou com seus olhos lacrimejandos, seu filho que fora deixado em terra distante ainda neném estava crescido, mas nem tanto, porém pra ele depois de tanto tempo já era quase um moço.

Muitos acharam que ele tinha abandonado suas crias, mas não, só buscava um canto longe daquele onde sua vida a dois começou e terminou, queria novos ares, e não fazer mais o que fazia para tirar o sustento, e claro, arranjar uma nova mulher para ajuntar novamente sua prole era também seu pensamento. Agora ali estava ele recolhendo o primeiro, mas antes disso já tinha deixado de sobreaviso àqueles que em outros lares se encontravam.

Não passaram muitos dias e aquele menino deixou para trás a avó, a tia e demais amados. Logo depois do almoço, aquele homem mesmo a contra gosto do pequeno, o colocou na garupa do cavalo que já estava arrumado há algum tempo na espera da despedida, esta foi longa, houve muito choro. Aquele homem fazia o que podia para sair, tinha pressa, e assim saiu, não esperou o irmão pra despedida, seguiu o caminho da porteira, nem desceu do animal para abrir, já tinha aprendido o jeito apesar de ter passado ali somente uma vez. Não olhou pra trás. Aquele menino parou de chorar quando nada podia ser visto, a não ser a mata que cada vez se tornava maior e ia escondendo o sol. Bem antes do horário do trem chegaram a estação, o homem teve tempo de sobra, foi a casa de quem emprestou o cavalo, o devolveu, antes comprou umas roupas para o menino. Na casa do senhor Demétrio apresentou o filho, comeu bolo de aipim, ainda com muito tempo, deu um banho no garoto, colocou a roupa nova, tomou um banho também, logo estavam na estação. Deste modo aquele menino parecia já conhecer um pouco do significado de pai, mas não havia esta consideração, pois fora deixado nesta terra ainda sem conhecer tal sentido.

Lá vinha o trem, uma máquina preta com chaminé longo soltando fumaça, fazendo barulho e com um monte de fogo atrás— realmente era feia, mas puxava vários vagões cheio de gente e mais uns vagões longos diferenciados uns dos outros, era de carga; engraçado que tinha vagão para carga viva, lá levava galinhas presas em caixotes longos, cavalo amarrado e alguns bois. Se compararmos com as máquinas de trem dos nossos dias parecia um monstro. O trem não assustou o menino, o pai temia que fosse. Tão logo o trem chegou ele conheceu um pouco do menino, parecia ter intimidade com aquela condução. Depois de um tempo o trem se foi, não demorou e o menino dormia com a cabeça na perna do pai, o balanço do trem lhe fazia bem. Viagem longa, mas ante de uma hora de viagem, alguém se apresentava vendendo café, biscoito e outras coisas, o menino dormia. Três horas de viagem, quando já estava próximo da chegada aquele homem acordou o menino, o coitado levou um susto, se pôs de pé, pensou que estivesse sonhando, grito pela avó, todos olharam, não existia avó, o pai compreendera, pois o menino nunca saiu de perto dela, o abraçou, chorou disfarçadamente... O trem parou, era hora de desembarcarem.

Dormiram em uma hospedaria próxima a estação. Quando aquele homem acordou o menino já estava sentado na cama calado abraçando as perninhas, olhava diretamente para as janelas, seu olhar era triste. Aquele jeito encabulou o homem, sua luta era fazer o menino esquecer as coisas que ficaram para trás, fazer entender que seu pai estava ali para cuidar dele, recuperar o tempo, no entanto, diante do que observava compreendera que não seria fácil. O menino até o momento não o tinha chamado de pai, mas de senhor... Era senhor pra lá senhor pra cá... Aquilo não agradava aquele homem. Seu projeto naquela manhã era ir à casa de alguém onde se encontrava mais duas filhas, queria ajuntar o rebanho, diante da situação mudou o plano. Saiu pela cidade de mãos dadas com o menino. O menino se assustou quando viu uma porção de carros andando juntos na rua estreita da cidade, segurava firme na mão de seu pai, aquele homem o indagou, quis saber por que ele não se assustava com o trem, contudo estava morrendo de medo dos carros.

— O trem eu sei que ele anda, eu sei que o fogo faz ele andar, esses ai não sei como e eles vem pra cima da gente, o trem segue reto...

Aquele homem riu, mas também não tinha como explicar, lhe faltava conhecimento. Continuou a caminhar com o menino pelas ruas. Depois de certo tempo tentou levar o menino a chamá-lo de pai, num diálogo bem franco.

— Eu sou seu pai, por que você não me chama de pai?

— Eu não ganhei nem uma bala sua.

— Uma bala..., vou te comprar muitas.

Naquela rua ele procurava um lugar que vendesse bala como alguém que procura água para tomar um remédio com urgência, encontrou várias lojas, mas nada de bala, só na rua de trás localizou uma, era uma venda, na placa estava escrito "secos e molhados santo Antônio" (o mercado da época, semelhante a uma mercearia nos dias de hoje) no balcão, ao lado esquerdo havia um baleiro com muitos tipos de balas.

— Pronto, te dou todas.

— Não quero todas, quero umas, pega lá, você não é meu pai?

— Sim, sou, vou pegar muitas...

Os olhos do garoto brilharam, ele nunca tinha visto tantas balas e agora tinha um pai que era só seu.

Sem muita demora a relação do menino mudou. Aquele homem não entendera o porquê de algumas balas fazer mudança tão forte e rápida, agora já era até chamado de pai. Este episódio nunca foi apagado de sua mente, talvez por isto quando voltava pra casa tinha sempre os bolsos cheios de balas.

Conquista feita, estava apto a seguir viagem. Quinze quilômetros separava o local de onde estava ao que ia. A demora maior aconteceu devido a espera do ônibus.

Mais um choque para o menino, agora ele conhecia mais gente, gente de cidade grande, de pele brilhosa e duas irmãs. Estava confuso, mas se apoiava naquele homem, agora chamado de pai. Ele não tinha ainda a compreensão do que era ser irmão, tudo estava muito estranho, e aquelas meninas eram muito diferentes da que ele tinha deixado em sua terra, sua prima. A palavra bonita chamou sua atenção, lá onde morava não lembrava que alguém chamava duas pessoas de bonito, entretanto estava ali dona Cotinha dizendo para o seu pai que aquelas meninas ali eram muito bonitas, neste caso sua mente absorveu que bonita é ser diferente daquela menina com quem ele brincava e ficou para trás, lá com sua avó e sua tia, tia esta que a menina chamava de mãe. Ah! Lembrei-me, ele nunca entendera por que só ele tinha que chama-la de tia, mãe era palavra exclusiva da menina que morava na mesma casa. – era prima, mãe, palavra proibida pra ele.

Aquele homem se instalou naquele lugar por dois dias, depois se despediu especialmente do menino, garantiu a todos que dentro de uma semana estaria de volta para levar todos pra casa. Partiu sem deixar endereço, fora encontrar sua amada Nádia, dar notícia e combinar o encontro, pois ela também tinha filhos.

Capítulo 3

Para o leitor compreender a história vamos conhecer a Nádia e alguns dos seus: avós, pais e outros que faziam parte do seu dia a dia.

A família Friantes

No estado Espírito Santo, surgiu à família Friantes, povo de origem Europeia, a linhagem ficou rica no Brasil depois que o Clã conseguiu comprar um grande pedaço de terra. Este além de fornecer mão de obra aos colegas de propriedade passou também fazer a intermediação de venda e compra da colheita dos outros, porém um dia tudo se acabou. Seus bens foram divididos pelos filhos, acabou sobrando pouco, a doença consumiu praticamente tudo, permaneceu somente a casa. As mulheres ainda no auge da boa vida procuraram e cada uma encontrou seu marido, e esses, beneficiados foram. A vida foi trazendo a mudança profunda nesta época, o muito foi se acabando, porém poucos percebiam, o mundo era fácil àquela gente. Quando o café começou a perder o preço no mercado internacional a notícia chegou atrasada. Pois era assim, não havia meios de comunicações abundantes como nos dias de hoje, o jornal só chegava a muitas cidades com um a dois dias de atrasos, em muitas nem chegavam, o rádio dava maior presteza, porém os meios de transmissões não ajudavam, não havia eficiência. Entretanto aquele povo acreditava nas suas forças, no conhecimento que a vida ofereceu, desprezou as poucas notícias que recebia. No entanto reais notícias eram aquelas. Porém a desconfiança falava mais alto, a cultura e força do trabalho não permitiam acreditar, "aquilo tudo era coisa de gente preguiçosa" comentário este que muitos faziam. E mais, a última colheita foi vendida por preço razoável ao governo, diante disso, não acreditavam nas alterações por vir. Apesar de tudo o cotidiano ainda não mostrara a realidade que já desabava em grandes cidades, o choque só se deu mais adiante, e chegou forte, pois até colher o produto da plantação era inviável, não compensava o gasto que teria, era melhor deixar estragar na própria terra. O negócio paralelo foi sufocado pela falta de comprador. Eles que também eram compradores da safra de outros plantadores, com já foi dito, eram intermediadores. O pai como já tinha empenhado sua palavra dando a certeza a alguns produtores de venda certa, teve que cumprir o trato, pagou e ficou com o estoque, era homem de palavra.

A quebradeira chegou. Não tinha o que fazer, Já era tarde, o jeito foi aceitar a manobra do governo. Vender cada pé de café para ser cortado. Deste modo e com outras ações o governo achava que recuperaria o preço deste produto que era o principal da balança comercial.

Os filhos homens não sentiram a quebradeira, beneficiados foram antes desse episódio, logo ficaram bem de vida, se mandaram, na cidade grande já se encontravam quando a mudança chegou, o pai e a mulher sem compreender nada sofreram abandonados, suas terras foram perdendo o valor, a tristeza foi tomando conta. A fé naquela imagem que sempre a esposas carregava e as rezas constantes não alteravam coisa nenhuma, mas continuava acreditando que sua "santa" podia mudar aquela situação. – Desde mocinha ela se agarrou naquela imagem e achava que era fiel a suas orações, mas não havia resposta. Diante de tal situação uma vizinha, era a professora, lhe apresentou dona Ester, rezadeira, esta passou a frequentar aquela casa constantemente, ganhou a amizade do casal, às vezes dormia lá. A situação ganhou um colorido, mas a tristeza jamais se afastou, e o agravamento ia a passos largos, os empregados sumiram, sem falar foram indo embora, a fazenda estava deserta, um desses quase apanhou quando ousadamente foi até aquela casa e mostrou para o casal que a coisa ia piorar se eles continuassem com aquela rezadeira e seus trabalhos parecidos com feitiçaria, "vela preta, galinha preta com o pescoço cortado e um prato de farofa amarela" eram encontrados em várias encruzilhadas dentro da fazenda. Aquele indivíduo era um cristão valente, ser Cristão naquela época era correr risco de ficar desempregado e até apanhar.

– No entanto nas minhas andanças eu nunca vi um cristão verdadeiro em situação de dificuldade por período longo, pois ele sabe onde realmente há o abrigo e sua recuperação é questão de tempo, pouco tempo.

Senhor Gervásio Friantes depois de muito sofrimento partiu desta vida com 56 anos, Dona Filó ficou só, ainda com 45 anos. Poucas eram as visitas, as filhas apareciam de vez em quando, até que ela também partiu; pouco mais de um ano após a morte do marido. Dizem que morreu de desgosto, perdeu o interesse pela vida.

Não deixou nada para repartir, o enterro foi feito através de doação, e ainda assim deu briga, alguém achou que estava doando demais, mas, enfim, o funeral aconteceu. Pouco choro para aquela despedida.

Suas filhas logo após o enterro da progenitora já limpavam o armário, queriam dar fim em tudo, deixar logo a casa vazia e procurar alguém que comprasse a última propriedade, não pensavam mais em voltar aquela terra, já viviam outra história. No entanto não sabiam elas que aquele derradeiro imóvel também já não mais as pertencia. O mais mesquinho dos irmãos, "qualificação esta dada pelos cunhados" já tinha passado àquele imóvel também nos "cobres", ninguém sabia de nada, e quando souberam nada fizeram. Ele era advogado, sua palavra era a lei, aproveitava da ignorância dos irmãos nessa matéria. Numa época de quebradeira geral seu patrimônio não parou de crescer, carros nas cidades eram poucos, ele tinha dois, mesmo com esta situação privilegiada reclamou do dinheiro que dera para o enterro da mãe, achou que suas irmãs escolheram um caixão muito caro, – na verdade foi o mais simples, e o valor foi o único gasto que tivera.

O amor do dinheiro não trás fruto positivo, até os amigos vindos por causa dele não se deve confiar, e este amor abre a porta ao espírito de mesquinheis, coisa esta que domina o ser humano trazendo consigo desunião e outros males, além de afastar o homem totalmente de Deus. Ter abundância é ótimo, mas o amor ao dinheiro é terrível, o rei Davi disse certa vez "*Se as vossas riquezas aumentam, não ponhais nelas o vosso coração*". O apostolo Paulo escrevendo ao seu amigo

Timóteo disse "... *amor do dinheiro é raiz de todos os males; e alguns, nessa cobiça, se desviaram da fé e a si mesmos se atormentaram com muitas dores*".

Voltando a família friantes: cada um seguiu sua vida, nunca mais se encontraram; talvez em alguma festa, mas não há confirmação quanto a isto.

Desta família saiu Dona Maria Tais, casada com seu primo Jorge, que também era Friantes, Jorge Friantes de Azevedo, foi morar na cidade bem próxima, Mimoso do Sul, cidade esta perto de Cachoeiro de Itapemirim, terra muito conhecida por ser terra de Roberto Carlos e grande produtora de granito.

Uma nova história, outras vidas.

O Jorge Friantes de Azevedo, filho de agricultor, mas nunca foi propriamente de cuidar de roça, como a maioria dos filhos de fazendeiros de posse avantajada daquela época, fora ainda muito cedo enviado para capital. Os pais enviavam para as grandes cidades os filhos e assim tentavam fazêlos doutores, muitos conseguiam outros não, é o caso de Jorge Friants, primo distante de Dona Maria Tais Friantes, agora casado com a ela. Seus pais sempre lhe deram boa vida no tempo de estudo na capital, mas agora morava na cidade próxima a fazenda, a menos de cinquenta quilômetros de distância, mas a mordomia não lhe faltava. Quando casou sua família lhe passou o casarão que mantinha na cidade, os pais ficaram morando definitivamente na fazenda.

O rapaz sempre esteve metido no meio político e assim contínuo, durante o dia fazia politica e a noite fazia também, os encontros eram na casa de amigos ou no clube. O mundo estava em guerras diversas, as discursões acaloradas aconteciam por todo lado. A economia era o tema que ele e seus aliados tinham como bandeira. A luta principal naquele momento do Jorge e seu grupo era tentar chamar atenção do governo federal e assim fazê-lo revogar a proibição de plantar café, (o governo para conter a baixa do preço mundial deste produto, e o Brasil nesta época dependia desta exportação, tomou a decisão de proibir novos plantios e queimar seus estoques ou jogar no mar; a história nos conta que mais de setenta milhões de sacos de café foram destruídas), ele e seu grupo achavam que esta proibição estava devastando a cidade – trazia grande dificuldade mesmo, porém o Jorge Friantes não tinha esta preocupação, aliás, se é que tinha alguma, mas era o assunto econômico que mais atraía a simpatia naquele período em toda região, principalmente porque o café era a cultura principal da terra.

Até que certo dia o Jorge de volta para a casa encontrou com um conhecido do tempo ainda de solteiro, antigo amigo, este tinha perdido o trem e não encontrava lugar para passar a noite. Teria de dormir na cidade, o próximo trem só no dia seguinte, pensão ou hotel tinham poucas opções na cidade e estavam lotados, reclamava. O Senhor Jorge Friantes morava numa casa grande, nunca trabalhou pra ter, seu dinheiro ainda era provido pelos pais, (eram produtores de gado leiteiro e mantinham uma boa produção de arroz e milho) a casa tinha seis quartos e mais outros espaços enormes, teve vontade de convidar o amigo para dormir na sua casa, mas logo abandonou este pensamento, todavia enquanto caminhava ao lado dele teve a grande ideia, no entanto buscava um jeito de deixar seu amigo para trás, queria falar com sua mulher o quanto antes, continuou caminhando com passos lentos, mas na próxima esquina, no armazém do Valdo deu uma parada, sem que seu amigo notasse o deixou, imediatamente aumentou o passo, saiu rápido, caminhou com o passo acelerado na direção da sua casa, queria avisar à dona Maria Tais, sua esposa que acabara de montar um negócio. A mulher ao ouvir ficou assustada, não falou nada, nem lembrou ao infeliz que todo dinheiro que ela guardara ele tinha consumido nessa tal política que fazia.

Dona Tais, como era chamada, vivia reclamando do tamanho daquela casa, era enorme, não precisava nada daquilo para uma família de três pessoas. Ficou a pensar "este homem está maluco, só vive pela rua torrando nossa pouca economia, não procura o que fazer".

A mulher nada perguntou, mesmo assim ele explicou contente todo o projeto, ela nada respondeu, ele imaginando o que passava na cabeça da mulher, não deixou por menos.

– Tá vendo mulher, eu penso, não falo sozinho.

Era mania dele pegar uma caneca de café e assentar-se numa cadeira de madeira com apoio de braço que ficava ao lado esquerdo da varanda dos fundos da casa conversando consigo mesmo.

Apesar do tamanho da casa, ela não tinha empregada, dava um duro danado e ainda cuidava do pequeno filho.

A mulher escutava calada e analisava cada palavra. Gostou da ideia, mas nada comentou de imediato, foi ver o menino que chorava em um canto da casa, não mais de vinte minutos o chamou e fez sua exigência.

– Se é assim, preciso de uma empregada para cuidar dos quartos e de toda a arrumação.

Foi fácil conseguir alguém e logo dona Rosa

chegou para ser a arrumadeira e fazer outros serviços.

Assim foi criada a hospedaria Coimbra, não demorou muito para ficar conhecida; localizava-se muito bem, próximo à estação de trem. Dona Tais voltou a sorrir, apesar da consciência a acusar do mal que falava do marido. Comentário este que fazia até com amigas mais íntimas, "Um à-toa que vive de conversar fiada pela rua". A partir daí passou admirar a sabedoria dele: "Como pensara aquilo? E como fazer para voltar atrás o que havia espalhado?" Se perguntava sempre e arrematava: Ele sempre conversava só, não ia imaginar que vivia fazendo planos.

A hospedaria logo tomou corpo e sua ocupação diária era sempre cem por cento, já com duas empregadas, ela tomava conta de todos os afazeres e o senhor Jorge Friantes recebia os hóspedes, dava as boas vindas, combinava o preço e acertava o recebimento. Ele percebendo que perdia freguês devido a lotação rápida, ampliou os quartos para onze, obra rápida, só colocou parede, dividiu os ambientes. E não é que senhora Tais embuchara de novo! A barriga crescia, mas não deixava a labuta.

O filho, Genarinho já não tinha toda a atenção e menos ainda teria depois do nascimento do novo pimpolho. O estranho é que raramente Seu Friantes brincava com Genário; pegar no colo, nunca, o menino crescia sem carinho de pai. Ah, sim! Só falava com ele se estivesse fazendo algo de errado, chamava-lhe a atenção como se estivesse falando com um adulto, chegou haver comentário na pensão dizendo que ele não deveria ser pai do menino.

Dona Maria Tais teve mais três filhos, sendo duas meninas, deste modo não conseguia dá conta dos afazeres e cuidar das crianças, assim sendo contratou uma nova funcionaria, Isaura Fidelis, menina nova, não tinha completado ainda vinte anos, mas era cozinheira de “mão cheia”, Maria Clara, a segunda contratada passou a ser também ajudante da cozinheira oficial da pensão, dona Tais entregava à função de cozinheira a nova contratada. Ela passou a se dedicar mais as crianças, criou os quatros com toda atenção apesar do trabalho, todos receberam incentivo para estudar, mesmo as mulheres, coisa não muito comum para época; mas nada quiseram, aprenderam o necessário para a ocasião, sabiam ler e fazer as quatro operações de matemática. Os rapazes nasceram primeiro, um nem completou o primário, saiu da escola no último ano, faltando pouco menos de três meses para terminar o ano escolar e quem sabe pegar o diploma de conclusão do primário, foi morar na propriedade dos avós paternos, ainda bem moço com ajuda desses avós comprou uma pequena propriedade que pertencia a um tio, terra que diziam que só servia para criar gado, pois de tanto o homem usar e não cuidar se desgastou para o plantio, mas sua intenção era plantar um cafezal. – Esta cultura voltara a ser interessante, o governo agora via com bons olhos o plantio. O outro conseguiu completar o primário, mas abandonou os estudos.

Há uma bruta diferença na atual metodologia escolar com a daquele tempo: Antigamente estudava o primário (correspondia á 1ª serie até a 4ª série) e o ginásio (corresponde á 5ª série até a 3ª). Tudo muito diferente daquilo que existe hoje. As escolas públicas eram desejadas por aquele que queriam ter um aprendizado de alta qualidade, isto também mudou. Para entrar no ginásio não era fácil, juntavam-se todas as escolas da cidade para fazer uma prova. Era muito concorrido, os alunos que tiravam a maior nota entravam, os outros eram encaminhado pelos pais que podia pagar a escola particular. Quem não pudesse pagar buscava trabalho, alguns no final do ano próximo das provas entravam em um curso particular e tentava novamente, pois fazer o ginásio era indispensável para se arranjar um bom emprego.

Podemos afirmar também que apesar da dificuldade os alunos daquele tempo que terminavam o primário saíam muito mais preparados, pois até aqueles que desistiam de continuar tinha o conhecimento necessário para tocar a vida. Haja vista quantos empresários têm ainda daquele tempo que não foram avante.

Depois de um tempo trabalhando em diversos lugares comprou com financiamento do Banco do Brasil um caminhão, passou a fazer o transporte do leite das fazendas de uma região até a cidade onde ficava a cooperativa de leite, aproveitava e transportava também o pessoal que precisava ir a cidade. O caminhão tinha um espaço para o transporte de pessoas. Colocava bancos de madeira preso na carroceria, este fazia a divisão dos tambores de leite e o pessoal. Esta era a única condução para os pequenos proprietários de terra e empregados das fazendas chegarem rápido até a cidade e voltar no mesmo dia. Não havia outra opção de transporte mais rápido. O transporte comum da época era bem mais demorado: cavalo ou carro puxado com boi, para poucos havia a charrete, condução mais elaborada, considerada um luxo, puxada por cavalos quase sempre selecionados. Carro naquele lugar era tão raro que chegava assustar algumas crianças quando aparecia, poucas delas tinham acesso ao progresso.

As duas filhas acompanharam o progresso, tinham até vitrola (um aparelho que tocava os discos, discos estes que depois de muitos anos foram "engolidos" por nova tecnologia, substituído pelos CD) e algumas revistas de fotonovela (novela em revista com as fotos dos artistas). Contudo o que destacava mesmo era o comportamento dessas moças, ambas, fizeram um fuzuê na cidade, ficaram mal faladas; era dito que alguns dos hóspedes ficavam naquela pensão devido aquelas mulheres, "tinham outros interesses". Nunca ouve comprovação de tal falácia, mas como dizia o senhor Walter, conhecedor das meninas, filósofo popular da cidade "essas meninas sabem dosar a verdade e a mentira, e elas estão certas, pois verdade é acordo que a vida faz". A fama delas ficou muito arranhada, chegavam ao ponto de dizer que se não viesse alguém de outra cidade elas jamais casariam.

É isso, quem faz a nossa vida são as nossas escolhas.

Tudo aparentemente ia a mil maravilhas naquela família, só as meninas davam trabalho, e não era fácil manter o controle sobre elas, apesar de tudo, uma delas casou-se, e casou-se bem, bem dentro da qualificação que o povo de lá fazia. O sujeito era um fazendeiro de Santa Maria, distrito de Campos dos Goytacazes, estado do Rio de Janeiro. Ela foi morar na sede da fazenda que ficava a dois quilômetros do centro do distrito. Uma fazenda enorme com muitos empregados, nela havia lavoura arroz e café, no entanto sua principal plantação era o café. A mulher era uma doceira como ninguém, aprendeu com a avó paterna, seus doces eram desejados por toda a vizinhança e, apesar de morar longe, sempre mandava alguém trazer seus quitutes deliciosos para os pais e irmãos.

O movimento da hospedaria era intenso e aumentou mais ainda quando foi aberto o serviço de refeição a aqueles que não estavam hospedados lá, inclusive passou a atende a muita gente que esperava o trem, condução esta que sempre chegava com atraso a estação, e como já é sabido, a estação ficava muito perto. Mas também foi nesta época que a amiga íntima do casal trouxe grande decepção. A vizinha, dona Jandira, amiga íntima de dona Tais e de suas filhas, uma daquelas amigas que dona Tais reclamava do seu marido, esta chegou colocar na cabeça da amiga que tudo levava a crer que seu marido deveria ter alguém, acusação está que perdeu crédito depois que a hospedaria fora aberta e seu marido passou a ficar inteiramente por conta do negócio. Pois é, dona Jandira abrira também uma hospedaria com refeição, porém só tinha três quartos, cada quarto tinha uma cama beliche e duas que se transformavam em cama de casal, na faixada uma placa bem grande dizia "Pensão Jandira a mais limpa, a melhor comida, aberta para almoço e janta para todos", dona Tais e seu marido só souberam do caso no dia da inauguração, a decepção foi grande, a amizade acabou. A funcionária mais antiga, dona Rosa tomou as dores da patroa, via a mulher direto na casa da patroa de conversa, ela que mais de uma vez serviu cafezinho pra duas, achava também que fora enganada. Na hora de sua folga deu uma saída, passou duas vezes em frente a porta da nova hospedaria, teve vontade de entrar e bater-boca com a Jandira, se a porta estivesse aberta tudo indica que teria feito, queria fazê-la tirar da fachada a frase "a mais limpa", achava que aquilo um desrespeito, inclusive ao seu serviço. Como a porta não abrira tomou a decisão de bater na porta, a demora em atender não a fez desisti.

— Oi, boa tarde.

Quando a porta se abriu ela percebeu um altar com vários "santos" logo na entrada, tinha umas quatro imagens grandes, aquilo chamou sua atenção...

— Cadê a senhora Jandira?

— Ela saiu.

— Me diga, quem são os protetores principais

dela?

A moça não compreendeu, ela insistiu com a pergunta, a moça ainda assim nada compreendera.

— Abra a porta um pouquinho mais que eu te digo.

Ela olhou, prestou atenção mesmo de longe, observou uma vela preta se queimando ao lado de outra imagem que não tinha avistado no sentido esquerdo do tal altar. Já com receio, disse docemente: olha, eu trabalho na outra pensão e ninguém limpa melhor do eu, portanto ela deve tirar este negócio de mais limpa da placa; agradeceu pela atenção e se foi. A moça que a atendeu não compreendeu nada, fechou a porta e foi cuidar dos afazeres. Ninguém ficou sabendo se deu o recado.

A Rosa caminhou de volta com ar de preocupação, seus pensamentos estavam na busca de como falar pra patroa que a concorrente tinha um altar forte, trabalho pesado. Sua aparência manifestava inquietação. Maria Clara, colega de tarefa até que tentou ficar calada, mas ao observá-la tomando um pouco de café em um copo americano à distância, não resistiu continuar calada, teve certeza que a colega passava por problema sério.

— Rosa, o que aconteceu? Desde que voltou você tá estranha.

— Nossa patroa vai ter que fazer um trabalho

muito forte por causa daquela lá Maria Clara, ela é muito guardada.

A Maria Clara não compreendeu bem, insistiu na pergunta, antes foi interrompida pela Isaura, a cozinheira, a última funcionária contratada. Quando esta soube balançou a cabeça, mas não disse nada, a Maria Clara acompanhava a conversa com grande interesse, sabendo de toda história seu semblante mudou, logo fez o sinal da cruz. Ela era muito religiosa, mas diante da situação tremeu. A Isaura se afastou, foi cuidar dos afazeres, as duas continuaram com a conversa, pareciam muito assustadas.

— O que vamos fazer Clara?

— Antes precisamos falar com nossa patroa, coitada de dona Tais, será que ela sabe um jeito de anular a força daquela lá?

A patroa em termos de religião cumpria com sua parte, todo domingo ia à igreja e exigia a presença do seu marido com ela ao menos um domingo no mês.

O tempo passou, três dias, e elas ainda não tinham falado com dona Tais, todavia a mãe e a filha estavam desconfiadas das duas funcionárias, pois notaram que sempre estavam conversando e se comportavam como estivesse escondendo algo. A Nádia depois de conversar com a mãe, não quis esperar como sua mãe queria, esperou apenas o fim da tarde, antes do sol se por foi ao encontro das funcionarias, as indagou a respeito daquela conversa tão reservada e sucessiva entre as duas. – O objeto do converse já é sabido por nós, era a concorrente e suas mandingas. A Nádia conhecia um pouco do assunto, mas nunca demostrara, quando soube, e soube em detalhe, também tremeu. Agora não mais duas temerosas, três preocupadas, assim sendo cochicharam que não podia demorar em levar o assunto a patroa, isto tinha que acontecer neste dia, a missão ficou para Nádia, ela aceitou, assumiu de imediato aquela responsabilidade e não vacilou, assim que se apartou das duas chamou sua mãe no quarto para contar a novidade.

— Mãe, eu conversei com elas, não consegui esperar, logo que conversamos fui a elas, a senhora tinha razão, elas estavam escondendo algo, mas sua funcionária antiga, a Rosa buscava uma ocasião para te contar, ela está muito preocupada e eu fiquei também, a senhora sabe que aquela sua amiga que te traiu é da bruxaria da pesada? A Rosa tomou suas dores e foi lá tirar satisfação, e viu o altar e as velas, quando ela observou aquilo tudo saiu assustada, e olha que ela conhece bem dessas coisas.

— O que a Rosa foi fazer lá gente...?

A mãe balançou a cabeça, mas não desaprovou

totalmente a ida de sua funcionária a casa da agora concorrente, só disse que depois teria de conversar com a moça, contudo nunca tocou no assunto a este respeito. Ela também tinha várias imagens, mas as que se destacavam eram uma de "são" Jorge e outra do mesmo tamanho que nem sei quem é, acho que nunca a identifiquei, ficava numa prateleira ao alto na frente de sua cama, quando ela deitava a tal imagem parecia que olhava pra ela.

Calmamente, ainda ouvindo a filha abriu a gavetinha do móvel que tinha um grande espelho, pegou um pacote de vela, juntamente com sua filha acendeu mais de uma para cada imagem.

—Minha filha, vai à casa da Tânia e peça pra ela vir aqui o mais rápido, se possível agora.

Não disse mais nada, nem a filha perguntou, saíram do quarto assim como entraram, o silêncio foi mantido, a Nádia sabia bem quem era a tal Tânia.

Duas funcionárias observavam a porta do quarto à distância, a Clara fingia que descascava batatas. Logo que aporta se abriu a expectativa aumentou, estavam ansiosas, porém logo se decepcionaram, esperavam que a Nádia viesse ao encontro delas para relatar a conversa. A Rosa, portadora da notícia se sentiu traída, não compreendera nada ao vê-la sair porta afora. Todavia as duas não desgrudaram os olhos da porta do quarto, tinha esperança em descobrir algo, a mãe voltara ao quarto e elas imaginavam que o Senhor Friantes estava lá, sabiam que ele tinha um livro com o título "mágica e feitiço", mas nunca o viram mexer com tal coisa, só se fazia muito escondido. Entretanto diante de tantos afazeres tiveram de diminuir atenção naquela porta, mas o cochicho não parou.

Não demorou muito e chegou a Nádia com a Tania e um cidadão chamado Alfredo, entraram no último quarto a esquerda da sala. Em seguida um cheiro de charuto muito forte tomou posse da sala. – Daquele jeito o jantar corria perigo de ser servido com atraso, pois tudo parou na cozinha, as atenções das funcionárias estavam no movimento que acontecia no quarto.

Depois que todos foram embora a Nádia procurou as funcionárias da pensão, elas já muito mais ansiosas ouviam caladas.

— pode ficar tranquilas, minha mãe já providenciou as oferendas e aquela lá vai fechar aquela pensão e virá aqui pedir emprego, ela vai ganhar o que merece, quero vê-la mendigando.

A Isaura interferiu, argumentando que aquilo ia levar todos para o mesmo buraco.

— Olha, se você não crer nós cremos, não é Nádia? E sabemos o que fazemos, é melhor ficar quieta. Eu não sei por que tem gente igual a você Isaura que não consegue enxergar o que todos veem.

– Não se trata de não crer, é que eu tenho a vacina contra isto. Jesus veio a este mundo para destruir as obras do diabo, isto que vocês estão falando é obra dele e dos anjos que o acompanhou, anjos que se rebelaram, eles perderam a luz divina, são demônios, não querem o bem de ninguém, e vocês estão buscando demônios para resolver um problema que pode ter sido criado por demônios, na verdade, eles vão é levar todos vocês para o abismo.

— Minha amiga você sabe o que é um guia?

— Conheço sim, já frequentei, já fui enganada também. Você sabe qual foi a primeira encarnação deste que você chama de guia aqui na terra?

— Ah, como alguém vai saber disso?

— Pois eu sei, mas preciso de tempo para explicar e não posso ser interrompida, ok?

— Você tá muito chata, mas fala vai.

— Foi quando ele enganou os primeiros moradores na terra. Presta bem atenção: Ele se encarnou em um animal, ele não podia se manifestar no ser humano, pois o ser humano tinha a palavra de Deus sobre ele, esta palavra o protegia e protege ainda hoje quem a tem. Vocês não sabem que quem protege o ser humano é a palavra de Deus, sabem?

Mas isto acontece desde que o homem aceite-a como sua direção de vida. A palavra de Deus impedia o mal na vida dos primeiros moradores na terra, mas o ser humano deixou esta palavra, *"(...) mas da árvore do conhecimento do bem e do mal não comerás; porque, no dia em que dela comeres, certamente morrerás"* o ser humano deixou a palavra de Deus e aceitou a seguinte *"Então, à mulher escutou: É certo que não morrereis. Porque Deus sabe que no dia em que dele comerdes se vos abrirão os olhos e, como Deus, sereis conhecedores do bem e do mal. Vendo a mulher que a árvore era boa para se comer, agradável aos olhos e árvore desejável para dar entendimento, tomou-lhe do fruto e comeu e deu também ao marido, e ele comeu"*. Foi assim que o homem se perdeu. Estes espíritos mostram coisas falsas, coisas essas que afastam o ser humano de Deus, porque perto de Deus há proteção. O que Deus disse foi: se você fizer como te digo terá proteção, mas se não fizer conforme esta palavra que te digo não poderei fazer nada por você, no entanto você tem o direito de escolha. Até então esses que vocês chamam de guia não podiam atingir o ser humano, "não podia guiar ninguém", mas ele foi astuto, se manifestou através de um animal diferente, e quer saber? Cobra não fala, mas naquele dia falou, pode até soar estranho "uma cobra", mas foi exatamente isto que chamou atenção do ser humano, um animal daquele porte, até então inofensivo, este, exatamente este recebeu a incorporação do demônio maior para introduzir sua palavra na terra, se o homem permanecesse na palavra que recebeu de Deus, e não aceitasse aquele argumento diabólico, o diabo não teria condições de trazer o mal a terra. Vocês continuam sendo enganadas, receba a verdade e a verdade vos libertará, Deus na sua misericórdia mandou Jesus Cristo na terra para destruiu as obras do diabo. Jesus Cristo é a palavra que traz a proteção e destrói toda flecha demoníaca, demônios nenhum tem vez, mas não é aquele Jesus que a religião mostra com cara de sofredor na cruz, não, este não, mas aquele que disse "Eu sou o caminho, e a verdade, e a vida; ninguém vem ao Pai senão por mim". Esta palavra é que Deus enviou a terra para que o ser humano pudesse ter novamente a proteção, o diabo continua espalhando sua mensagem na terra para enganar, assim como fez com os primeiros moradores. O guia que vocês falam leva para o abismo todo aquele que o segue, não há luz nele, é anjo que perdeu a luz divina porque abandonou a palavra de Deus, não obedeceu, e são muitos; eles querem ver o ser humano os seguindo para a mesma perdição, eles detestam o ser humano, pois nós somos a imagem e a semelhança de Deus.

Como eu disse: Deus enviou Jesus a terra para que todo homem tenha a chance de conhecer o seu amor, amor este que o diabo conhecia quando morava no céu, Jesus trouxe esta boa notícia a terra, "*E Jesus clamou, dizendo: Quem crê em mim, crê, não em mim, mas naquele que me enviou. E quem me vê a mim vê aquele que me enviou. Eu vim como luz para o mundo, a fim de que todo aquele que crê em mim* ***não permaneça nas trevas****. Se alguém ouvir as minhas palavras e não as guardar, eu não o julgo; porque eu não vim para julgar o mundo, e sim para salvá-lo. Quem me rejeita e não recebe as minhas palavras tem quem o julgue; a própria palavra que tenho proferido, essa o julgará no último dia* ". Amigas, não rejeitem esta palavra que trago; andar nas trevas ou na luz é uma questão de escolha.

— Credo você é Bíblia? Daqueles que gritam aleluia e acha que sabe tudo? Todos nós aqui tínhamos desconfiado.

— Porque lhe falei isto, todo cristão que ler a palavra da verdade sabe disso, e é obrigação saber para poder se defender, é a nossa armadura, por isto não somos enganados.

Detalhe: ***O cristão popularmente era conhecido como "o Bíblia", hoje todos são chamado de evangélicos, também era chamados de protestante. Nesta época os católicos não tinha***

acesso a Bíblia, pois a igreja católica proibia sua leitura, a autoridade maior desta religião achava que só alguns sacerdotes poderiam ler este livro. Os cristãos eram desprezados, em muitas cidades o cristão que trazia a Bíblia consigo geralmente era perseguido.

A Rosa, a Maria Clara e a Nádia desdenharam da palavra que Isaura lhes falou, seguiu aquilo que estava no coração delas.

A partir daquele dia toda sexta-feira e primeiro dia do mês a filha e mãe saiam por volta das dez horas da noite, voltavam quase sempre pela manhã, passaram a frequentar o centro de macumba regularmente. Certo dia elas encontraram lá a inimiga concorrente, ninguém olhou pra cara da outra, cada uma tinha lá seu trabalho a executar. Mas tarde soube-se que a concorrente fora lá a convite do tal Alfredo, pois este também fora chamado para prestar seus serviços na casa dela. Aquilo mexeu com dona Maria Tais, achou estranha aquela senhora está naquele lugar, se sentia traída, entretanto deixou para o dia seguinte. No sábado, discretamente após o almoço foi a casa da Tânia.

— Tânia, que história é esta? A aquela mulher que estamos trabalhando para a destruí estava lá também, é traição mesmo ou vocês estão aprontando alguma armação pra ela?

—Tais o trabalho está sendo feito, agora ela tem o direito de se defender, claro que não é com o mesmo guia, tem um guia trabalhando por você, ela deve ter convocado alguém pra ela, nós não podemos impedir isto, mas pode acreditar neste guia que está com você, ele é forte.

— Então no centro eu não tenho exclusividade?

— Ninguém tem exclusividade porque não depende de nós, depende dos guias, mas pode ficar tranquila, continua fazendo o que for mandado que você não perde, o ideal é conquistar a confiança dos guias que baixam lá.

Aquele argumento não satisfez a Maria Tais, em casa tomou a decisão de buscar outro centro. A Rosa que participava da conversa juntamente com a Nádia e a Maria Clara ouviam caladas. Depois de um silêncio a Rosa argumentou que poderia ser perigoso, falou que isto ela tinha que perguntar ao guia, logo a seguir a Maria Clara foi mais enfática.

— Dona Tais, agora a senhora está sobre o olhar deste guia, ele é quem lhe dar as coordenadas, ele é quem escolhe, por que a senhora não pergunta pra ele?

A Isaura olhava aquele papo a distância e orava baixinho, as lágrimas brotaram levemente, já tinha compreendido que aquele povo queria mesmo seguir a feitiçaria, contudo resolveu mais uma vez falar-lhes, se aproximou e disse a todos " só Jesus Cristo pode dar a solução real para vida, o diabo é o enganador, e vocês estão indo ao encontro dele e seus aliados". Imediatamente dona Tais interferiu.

— Quem disse a você Isaura que nós estamos buscando o diabo e aliados dele?

— Dona Tais, a senhora acha que este negócio de feitiçaria é de Deus? Se fosse a senhora acha que haveria guerra, despacho e outras coisas? Deus é paz, ele quer cuidar do ser humano, pra isto é só a senhora buscar o caminho e a verdade, Jesus Cristo, mas não o Jesus que o mundo prega e sim o da Bíblia.

— Deixa ela mãe, ela é muito ignorante, ela é Bíblia. Isaura nos deixa, você nem foi chamada na conversa.

A dona Tais concordou com a filha. Depois disso a Isaura se afastou, foi cuidar dos afazeres. Nunca mais tocou no assunto. Passado seis meses ela casou-se com Angenor, homem fiel a Deus, mudou-se para Vitória.

Capítulo 4

O Jorge Friantes, marido de Dona Tais, abandonou de vez o negócio, deixou a cargo da mulher o cuidado de tudo, fora cuidar da política, durante um período não muito longo suas atividades políticas foram reduzidas, mas logo que pode, assumiu de corpo e alma novamente, sua família era o pouso para o descanso sempre que voltava de viagens. O mundo o tornava uma pessoa muito diferente da que se via em casa, em casa junto com os seus era um homem calado, parecia viver em local desconhecido, no entanto, quando chegava alguém do seu meio era notório a mudança, o homem parecia que conhecia de tudo, falava com autoridade sobre todos os assuntos, autoridade esta que lhe faltava em casa, todavia a vizinhança não o via assim, pelo contrário, o considerava um homem muito preocupado com o dia a dia. Sua mulher em compensação procurava exercer esta autoridade em casa, mas assim que os meninos cresceram e se foram ela perdeu a ajuda que sempre lhe foi muito importante. O marido era tão distante que soube do casamento de um dos filhos no mês do acontecimento, faltavam propriamente 26 dias. Ele não parava, hora estava em Vitória, hora no Rio de Janeiro e em outros lugares, às vezes ficava mais de vinte dias sem ir a sua residência, quem cuidava das economias e da casa era a esposa. Dos filhos só sabia notícia quando chegavam em casa não havia meios fácil para se ter informação – a comunicação a distância era por telégrafo ou diretamente nas agências telefônica. No natal e na semana santa fazia questão de está em casa, pra ele era um pecado está fora nestes dias, inclusive acompanhava a procissão, ia à frente ajudando a levar a imagem, imagem esta que os seguidores de tal cortejo diziam ser de Jesus. – Isto sempre me intrigou "se na época de Cristo aqui na terra não havia máquina de tirar retrato e é sabido que Jesus nunca foi pintado em lugar algum, como alguém podia afirmar que aquela imagem era de Cristo", eu na minha inocência achava que o padre enganava todo mundo, ou tinha sido enganado também, mas eu não dizia isto para ninguém, pois "morria" de medo do padre.

O tempo passou e ainda hoje muitos fazem a mesma coisa: andam aceitando imagens de pessoas mortas, de anjos e outros como fosse algo para se prestar sacrifício, louvado ou beijado. Por incrível que pareça, quando vejo isto, o meu tempo de criança vem a lembrança, mas não dura muito, entretanto é aí que começo a pensar mais profundamente, como pode alguém viver ainda neste engano? Quando vejo aquela fila de gente, e uns na frente carregando uma estátua pesada e achando que está agradando a Deus volto ao meu tempo de criança com uma pergunta da sapiência de um inocente "o povo continua cego ou vive achando que é melhor não contestar de onde veio tal invenção?" Consultei toda a Bíblia na busca de informação a este respeito, só encontrei desaprovação. Tenho um amigo que é muito religioso e as vezes acompanha tais procissões. Tudo muito parecido com o da minha infância, o indaguei por que ele fazia aquilo uma vez que a Bíblia que ele dizia ter em sua casa condena tal coisa. Ele me deixou mais de "queixo caído", quando me disse que o que fazia não era idolatria, ele também era contra a idolatria, o que fazia era venerar a lembrança de alguém muito importante. Eu não estava em um clima de discussão, e não queria criar uma contenda, mas fiz saber que a Bíblia condena o que faz e a comprovação além de ter em outros textos está na primeira carta de Pedro no capítulo quatro parágrafos dois e três diz assim "*para que, no tempo que lhe resta, não viva mais para satisfazer os maus desejos humanos, mas sim para fazer a vontade de Deus. No passado vocês já gastaram tempo suficiente fazendo o que agrada aos pagãos. Naquele tempo vocês viviam em libertinagem, na sensualidade, nas bebedeiras, orgias e farras, e na* ***idolatria repugnante***".

Das filhas de Dona Tais uma realmente encontrou alguém de outro estado e se casou, mas a outra não, o sonho dela foi despedaçado, ela que tanto conversou com a irmã sobre a imaginação de seu casamento quando esta estava para se casar, porém ela não teve o casamento que idealizara, nem tão pouco parecido com o de qualquer garota da época, juntou-se com um cidadão de Colatina, estado do Espirito Santo, saiu sem dizer adeus, no entanto depois de algum tempo soube-se que teve o consentimento da mãe, estava morando em Cachoeiro de Itapemirim. Ninguém esperava vê-la tão cedo na cidade, porém não demorou, logo apareceu, apesar de ser um escândalo o que fizera para a sociedade daquele pequeno lugar. -- Em uma família tão tradicional, manter os bons costumes era coisa séria, aquilo foi um choque, era inédito. – Não durou nem cinco meses sumida, pois antes disso ela voltou à cidade e apresentava o Jerônimo como seu marido. O Jerônimo trabalhava na Estrada de Ferro Leopoldina, empresa de trem que ligava o Rio de Janeiro com o Espírito Santo, era ajudante de trem, andava em cima do trem, era um daqueles que jogava lenha no fogo da máquina, "uma imensa coisa preta, só andava com bastante fogo atrás, bem no final, como fosse um rabo", aquilo era muito quente, acho até que ele não era tão morenado antes de trabalhar ali.

Não demorou muito e Nádia engravidara.

O amasiado às vezes vinha em casa só nos finais de semana, raramente aparecia de segunda a sexta-feira, e nem sempre no final de semana, diante disso ela convenceu o senhor Jerônimo a residirem na cidade dela, pois lá teria sua família por perto, assim foi feito, e em menos de um ano de amasiamento, mudaram, foram morar na mesma rua da pensão. Nádia passou a trabalhar na pensão, dormia lá durante a ausência do varão. E menos de quatro meses depois do nascimento do primeiro, engravidara de novamente, nascera Lindalva, passado mais um ano do nascimento do segundo filho, no caso filha, nasceu Edmundo. Nádia já não trabalhava mais na pensão, lá poucas vezes ia, as crianças já não davam folga... Seu marido, agora aparecia todos os finais de semana.

Capítulo 5

O reinado destruído de Nádia.

O marido de Nádia mudou totalmente sua rotina, surgiu uma vaga na cidade como manobrista, fiscal de pista interno, foi promovido para esta função, assim passou a trabalhar na cidade da esposa, deste modo passou a ter convivência diária com a família. O que naturalmente era pra ser uma coisa boa, entretanto não foi isto que ocorreu, a Nádia foi desgostando. Com o marido vindo para casa todos os dias Nádia perdeu o que ela chamava de liberdade, o marido deitava cedo, neste caso ela também. Seu reinado tinha acabado, e as noites já tinham perdido os encantos para ela. Passou a reclamar sempre com a mãe, sua principal reclamação era que o marido já não a deixava com dinheiro, dizia que quem estava fazendo as compras era ele deste modo não tinha por que ela querer a mesma quantidade de dinheiro como antigamente, a mãe até concordava com ele, porém ela ia além, discorria que não acostumava com ele morando direto em casa, e agora com mais esta, essas coisas estava a deixando no limite, a situação estava insuportável.

O que ela não esperava era o que estava por vir.

No penúltimo dia daquela semana, seu marido chegou mais cedo em casa, parecia uma fera, não mais aquele homem gentil dado a família; recebera um bilhete escrito "Seu tolo, nem todos os filhos que você cria são teus". Chegando a sua casa não falou com as crianças como de costume, foi direto para o quarto, sentou-se na cama e chamou a mulher, ela preocupou-se, pois notara em sua voz algo estranho. Quando ela adentrou no quarto ele não disse nada apenas lhe mostrou o bilhete, ela vermelhou-se, porém foi logo dizendo que aquilo era pura maldade, quem poderia estar praticando tal coisa, gaguejava como fosse problema de nascença. Ele permaneceu calado, pegou novamente o bilhete e foi à pensão, mostrou a sogra, e desabafou. A sogra prontamente defendeu a filha, lembrou que na ausência dele ela só ficava na pensão, que tinha muito trabalho lá, como ele poderia acreditar em um bilhete sem saber quem escreveu, pois não via que aquilo era pura maldade de alguém. Depois de muita falação e observação nele, enquanto ela mantinha firme o argumento passou pelo corredor aquele homem, foi um choque, se olharam. A lembrança a acusava, a sogra se mostrou preocupada, mas manteve-se sobre controle, porém o pensamento dizia: aquele homem não deveria está ali. Já com o semblante modificado falou que ia conversar com sua filha, tentaria descobrir o autor daquela barbaridade, ela também queria saber quem estava por trás daquilo. Com cara de mau amigo ele se foi.

Ele ainda confuso, não querendo acreditar no bilhete, mas já com a mente de homem traído, se retirou, nem tomou todo o café que a sogra lhe serviu. Seus pensamentos poderiam ser visto através dos lábios. "Para sua dor não tinha remédio". Imaginava os vizinhos rindo, a dor era grande demais, estava criando os filhos como todos seus, era melhor não ter sabido disso, assim não teria esta dor. Ficou a pensar sozinho no quarto, se indagava qual filho não era seu, só de lá saiu quando todos já estavam deitados, não jantara naquela noite, a mulher tentara de tudo, ele a ignorava. Levantou cedo, fez o próprio café, entrou no quarto onde as crianças ainda dormiam com a caneca na mão, exalava o cheiro de café fresco, era fácil observar, a fumaça sair da caneca de ágata funda, olhava detalhadamente as crianças, via que o último menino era muito diferente, ora achava que era o primeiro, com o pensamento confuso foi trabalhar, o pior foi ter que voltar pra casa.

No dia seguinte retornou do trabalho mais tarde que de costume, sua cabeça estava pesada, sentia dor, não resistiu e se abriu com a mulher, mostrando se conformado com a situação, queria ao menos saber quem não era seu filho daquelas três crianças. Ela resistiu, disse que ele estava doido, como pensar aquilo dela. Não saiu da conversa convencido. A situação era cada vez de mais desespero para o coitado, não podia tomar nenhuma decisão, ora acreditava, ora não, a dúvida o paralisava, era um prisioneiro. Mandou carta à empresa, estrada de ferro Leopoldina, solicitando sua transferência de cidade; pedido negado. Ele queria ir para Campos - RJ, diante da negativa não sabia o que fazer, tinha vergonha dos amigos, já não saia de casa, e das crianças se afastara totalmente, só a menina conseguia encurtar um pouquinho a distância, aquela atitude que o identificava outrora como pai carinhoso deixou de existir.

A sogra sabendo o que a filha estava vivendo, aproveitou a presença do seu marido em casa, coisa rara como já é sabido, e conhecendo o sofrimento do genro, resolveu fazer seu quitute predileto. No sábado mandou Senhor Del Rey, homem de confiança dela, procurar milho verde, queria fazer um bolo, há muito que não fazia tal, pois dava muito trabalho, mas aquele dia pedia algo diferente da rotina de domingo, imaginara fazer daquele domingo um dia mais especial ainda. Falou para o Jorge Friantes convidar o genro para tomar café da tarde na casa deles. Ele gostava tanto daquele bolo, era uma oportunidade que teria para fazer findar aquela história.

Café servido, o bolo cheirava como nunca, fizera também roscas-doces, um café caprichadíssimo, fartura além de um domingo habitual.

A Nádia, sua mulher, sentou ao lado do marido, as crianças brincavam, já tinham tomado o lanche, a mãe sentara numa cabeceira e o sogro na outra. Enquanto tomavam o delicioso café, a sogra insistia para ele esquecer aquele absurdo do bilhete e viver sua vida. Ele respondeu mentirosamente que já tinha esquecido. Porém era notório que no íntimo aquilo não saia de sua cabeça. Tomou o café, se fartou do bolo, achou estranho o sogro muito calado, parecia saber de algo, não abriu a boca — esquecera que assim era o sogro. Na saída o sogro o acompanhou, conversou sobre o movimento da pensão, uma vez que tinha diminuído bruscamente e ele não sabia o porquê, mas existia muita esperança de melhorar, ouvira dizer que a Leopoldina ia trazer para cidade a central da oficina. O genro respondeu que não sabia disso, falou pouco. Apareceu Nádia, com as crianças e a sogra, olhou para as crianças firmemente, e pensou "qual será?", aquilo era uma tortura, acreditar ou não era sua prisão.

Foi trabalhar no dia seguinte, era segunda-feira, saia sempre de cabeça baixa, parecia querer se esconder, tinha medo das pessoas. Na noite de terça-feira tomou a decisão de sair daquela cidade, pediria até demissão do emprego se não conseguisse a transferência. Chegando ao trabalho foi direto conversar com o chefe, seu chefe, um sujeito muito boa praça. Aproveitou que ele estava sozinho, o chamou em um canto, longe da entrada, contou em detalhes, falou sobre o bilhete. Na sua narração ia consigo o sentimento; falava que não queria acreditar, porém era difícil, ora sim ora não acreditava, mas estava morrendo com aquilo na cabeça, tinha receio que alguém mais soubesse daquilo. Dissera que só contava para ele por achá-lo seu melhor amigo. O chefe respondeu que ia ajudar, ia tentar sua transferência, mesmo à contragosto, pois gostava muito dele também como amigo, e completou dizendo que já sabia do caso e não ia entrar em detalhe.

Foi um grande choque para o Jerônimo, quis saber como soubera. O chefe desconversou e foi atender o telégrafo que exibia nova mensagem, (telegrafo, meio oficial e rápido de comunicação que transmitia mensagem de longa distância que utilizava código, naquela época era mais eficiente que o telefone) recomendou prudência e paciência, antes de adentrar a sala do telégrafo soltou a última frase daquele momento: "não faça bobagem, tem certas coisas que o grande prejudicado é quem faz, principalmente se não dá para voltar atrás, você sabe o que quero dizer". Ele ficou mais abatido, sentou no banco em frente a linha do trem, agora não alimentava mais esperança, tinha certeza. Enquanto pensava seus lábios mexiam, confirmavam, dava pra ler "Realmente era verdade" pensara alto.

Voltou para casa bem à noite, trabalhou direto, nem folga queria mais, foi uma semana dura de passar. Seu chefe lutava para ajuda-lo. Depois de quatorze dias conseguiu a transferência, não era a que desejava, mas era a melhor por ora. Neste caso achava que o sofrimento daquele homem seria amenizado, conseguiu sua transferência para Murundus, lugar pequeno, distrito de Campos RJ. Morava na própria empresa, em um vagão transformado em habitação, o banheiro era o reservado da estação; vinha em casa raramente, às vezes mensalmente, mas, quando chegava a sua terra, toda a lembrança vinha à tona, sua vida ficava mais amarga ainda quando entrava em casa, olhava para as crianças e já não as vias como seus filhos. Lamentava quando as via correndo em sua direção, abraçavas, mas não trocava carícias sinceras com elas. Sabia que realmente um não era seu, "mas qual? Seria só um mesmo?". Este pensamento trazia mais confusão a sua mente, olhava as crianças, sofria calado.

Numa dessa viagem de volta pra casa tomou uma decisão radical: saiu com todas as crianças, visitou amigos, almoçou na casa de um deles, à tarde passou num bar comprou picolé, balas e outras guloseimas para todas as crianças.

Quando sua mulher soube do acontecido ficou maravilhada, e entendeu que ele a tinha perdoado. Chegou duvidar se ele sabia mesmo de algo. Assim ela comentou com a mãe, Dona Maria Tais que só escutava. Ao termino da fala da filha a mãe deu um sorriso e chamou a filha para ajudar a fazer uma lista de compras e arrumar as coisas que a noite ia fazer um despacho na encruzilhada com mais duas pessoas. Logo após a lista pronta entregou para o senhor Del Rey buscar no armazém do Senhor Guido. O Del Rey era um hospedo que viera morar definitivo na pensão, no entanto acabou virando ajudante, pois o Jorge Friantes se embrenhara como nunca na política, não parava em casa, não tinha mais tempo para o negócio.

Foi um dia de tranquilidade na família, até o Senhor Del Rey chegou comentando o modo nada comum do Jerônimo, disse ele "Tomara até cerveja, coisa rara, fora de casa nunca vira... Entrara no bar e proporcionara uma festa pra as crianças, pagou até um trago (dose de cachaça) para ele e para uns dois conhecidos deles". "A admiração tinha apoio, pois todos o consideravam um 'pão duro'". A sogra deu um sorriso disfarçado, acreditava que o trabalho dela na macumba tinha dado certo, deste modo foi terminar o almoço sem comentar nada. A filha disse pra mãe que seu homem estava bem, resolveu mostrar seu lado de mão aberta, falara rindo. Havia muito prazer naquela conversa, a mãe não disse nada, apenas sorria discretamente.

Aquele dia foi o dia mais terrível para o Jerônimo, era um personagem que sofria a dor que ator nenhum sentiu. Ficou aceso, angustiado, viveu um dia representando, foi um grande artista, ninguém desconfiara do seu plano. O dia demorava passar pra ele, a tarde parecia mais longa, queria agir logo, mas o trem só às seis e quinze da manhã, teria de se segurar até a noite, esperar o sono de todos; enfim, afastar todos de si, este era o objetivo. Cada olhar daquela gente por onde passara durante o dia era no mínimo um "beliscão", esses seus últimos momentos para se livrar de todos era ainda mais angustiante. A noite foi cruel para ele, dormiu muito pouco, estava apreensivo, queria fazer logo o que planejava, mas a noite o impedia.

Ainda muito cedo foi ao quarto, as crianças

dormiam, olhou e se perguntou "quais são minhas verdadeiramente?", as lágrimas rolaram, nem um beijinho, não disse nem um adeus, fechou a porta com cuidado, foi a cozinha, pegou sua faca de estimação, era um punhal, caminhou vagarosamente ao quarto onde sua ainda mulher dormia, antes de abrir a porta lembrou-se do conselho de seu amigo "não faça bobagem, tem certas coisas que só prejudica quem faz, coisas essas que não dá para se arrepender, você sabe o que quero dizer", parou por alguns segundos, guardou a faca na bolsa, foi a única peça que levou além das roupas, imediatamente seguiu em frente, andava rápido pela rua, o galo à distância cantou, aí se deu conta de que o trem de carga no qual embarcaria ainda demoraria um pouco mais de uma hora, pois sabia que aquele galo jamais cantaria depois das cinco horas.

Trinta dias se passaram ninguém soube notícias dele. No trigésimo quinto dia foram à estação procurar o antigo chefe, receberam de informação que ele já não trabalhava mais fixo, viajava com o trem, e também não tinha trem fixo, tinha sido promovido outra vez, agora era inspetor, e trocava de trens em plena viajem.

Passados setenta e três dias, chegou uma encomenda para a família e uma carta direcionada à Nádia, conteúdo nunca revelado a ninguém, sabe-se apenas que ele desapareceu.

Capítulo 6

A carta que ele mandou à sogra, melhor, sua ex-sogra, dizia que ele teve prova, sabia com certeza que ela era cumprisse da traição da filha. Quem a leu foi a filha. No momento da leitura o rosto da mãe ficou vermelho, o semblante teve aparência de preocupação. A filha perguntou a ninguém “mas como?” claro não teve resposta.

A mãe tinha feito planos para a filha ir atrás de seus direitos. No entanto diante daquela carta ficou com medo de arranhar sua reputação. No dia seguinte chamou sua filha.

— Nádia estive pensando; o Jerônimo não deu nem esperança em relação às crianças?

— Mãe, ele nos enganou quando naquele dia saiu passeando com as crianças, as últimas palavras em relação a elas foram ditas por ele ao anoitecer, eu nem me lembro, porém naquele dia, dia este que antecedeu sua partida, já era tarde, eu entrava no quarto para dormi e ele disse “essas crianças são todas sua, você tem que se virar para criar”, eu não compreendi nada, fui dormi, ele ficou na sala, nunca mais... A senhora sabe do resto.

— Minha filha, ele foi covarde, acho melhor esquecer essa história, vamos ter que contratar advogado, não estamos podendo gastar, caminho para adquiri pensão alimentícia será longo e desgastante, perante os fatos talvez fosse melhor você se mudar pra cá, assim nós juntas cuidaremos dos meus netos, não podemos perder tempo, seu aluguel já vai vencer. Eu queria era conversar com seu pai antes, mas já vai fazer quinze dias que não tenho notícias.

Três dias depois da conversa a filha já tinha se mudado, quando o senhor Jorge Friantes chegou se surpreendeu, mas não havia mais o que fazer, sua mulher disse pra ele que seria por pouco tempo, só até a pensão alimentícia da filha sair; pensão esta que nunca sairia, mas como se diz "uma mentira chama outra" assim sendo, outras com certeza viriam.

A situação financeira do casal não era boa, naquele dia ouve muita cobrança de ambas as partes. A pensão não estava rentável e a da política não vinha mais dinheiro, a decisão encontrada foi dispensar uma empregada para diminuir as despesas.

O marido se mostrava cansado, abatido, a mulher observou, mas imaginou que foi da viagem, mas no dia seguinte, depois que a mulher viu aquela porção de remédio o indagou o que estava havendo. Ele disse que fora no médico no Rio, este lhe falou pra voltar depois que tomasse alguns remédios daqueles.

Já tinha mais de um ano que a dona Tais e sua filha iam ao centro de macumba toda semana, porém sua filha Nádia deixou de frequentar como fazia, pois o marido ao mudar em definitivo para a cidade tomou o lugar, diante da nova situação ela retornou com sua mãe, sua mãe nunca deixou de ir. Naquela sexta-feira quando ambas chegaram lá, de longe ouvira uma longa rizada, e logo a Nádia incorporou um espirito, toda torta pedia um cigarro dizia que era... A identificação não vale a pena relatar, pois esses espíritos são mentirosos, todos eles são anjos que perderam o direito de ser, agora são demônios, mas se dão nome para chamar atenção. O pessoal do centro atendeu o incorporado naquela mulher. Pobre dela, pois já estava sobre este domínio.

O que era impressionante, é que menos de quatro meses do sumiço do marido, Nádia não parecia tristonha como se pensaria, ela já andava de agarramento com um tal viajante e freguês antigo, dizia não ser casado, mas sua aparência não confirmava isto. Tudo acontecia às escondidas; ela não recebia nada do marido, mas sempre tinha dinheiro, não parecia uma abandonada, como alguns vizinhos diziam, pelo contrário, a vida pra ela parecia ter melhorado, sua mãe tinha conhecimento, mas nada comentava. Este relacionamento foi crescendo e menos de um ano ela e aquele homem já estava com casa montada, só lhes faltava o liquidificador, o sonho domestico de Nádia, sonho este que veio ser realizado depois de quatro meses de casa montada e vida compartilhada.

Aquele homem assumiu os filhos de Nádia, dava a eles o carinho que aquelas crianças tinham perdidos, o mesmo carinho que faltava aos seus que moravam em terra distante, mas ele nunca se esqueceu de seus rebentos, porém não os visitava. Aos que cuidavam dos seus filhos era corriqueiro a pergunta: onde anda o pai delas? Era sabido o acontecido com a mãe. Esta pergunta começou ser respondida naquele dia quando a porteira se abriu e aquele menino teve o susto ao saber que um pai existia também para si. O terreno foi preparado, as crianças de Nádia iam conhecer os novos irmãos.

Foi no final da tarde de um mês de outono que o ônibus da empresa Itapemirim apontou na rua da Prata, trazia consigo três crianças sem identidade comum entre elas que não buscavam nada e estavam sendo obrigadas a seguir o pai que aparecera com objetivo de dar novo rumo a história delas.

Lá na pequena rodoviária outras crianças viviam a expectativa de conhecer novos irmãos, assim também estava a mãe delas, porém mais eufórica, não ficou claro se era pelas novas crianças ou pelo seu homem que estava de volta. A chegada daquelas novas crianças trazia desconforto, mas trazia também a esperança. Quando o ônibus apontou a mãe deixou de lado seus rebentos, saiu em direção a porta do coletivo, antes da porta se abrir ela os viu, seu marido foi o primeiro a descer, recebeu o beijo merecido, tinha cumprida a missão, logo atrás dele desceu um, dois, três, os filhos da Nádia esperaram até que um gritou.

— ué, é três a três, estamos empatados...

Mal sabiam eles que aquele homem na semana seguinte buscaria a mais velha, assim sendo seria quatro a três.

O tempo passa rápido, logo o afago se perderia e anunciaria o começo da batalha.

Capítulo 7

Dona Tais vivia satisfeita pelo novo marido de sua filha, apesar daquele monte de filho dele, mas lamentava também por a filha não ter se casado na igreja de véu e grinalda, era sonho da menina e dela também. Entretanto a satisfação compensava aquele desejo não realizado, sua filha lhe contava todo dia a dia. A casa de Nádia e daquele homem não era grande, mas acolhia bem os filhos de ambos.

Aos poucos a mãe e a filha foram se afastando do centro de macumba, o tempo para elas estava escasso, ia às vezes, a filha só quando o marido estava em viagem.

A situação da pensão estava muito pior, a filha já não podia dar uma ajuda, a mãe e uma empregada tinham que dá conta de tudo. O período trazia muita dificuldade para aquela família, a doença do Jorge Friantes causava cada dia maior preocupação. Dona Tais era uma mulher lutadora, mas seu semblante mostrava claramente cansaço, a alegria apareceu quando a Nádia lhe trouxe a notícia que elas tanto queriam: dona Jandira, a amiga que virara inimiga por ter aberto uma hospedaria semelhante a sua tinha abandonado o negócio por está muito doente, um filho veio busca-la para interna-la em um hospital na cidade de Vitória, a situação segundo algumas informações era muito grave.

— Eu não disse mãe que ela ia pagar.

— Sim, nem sei se queria tudo isto pra ela, mas ela ganhou o que mereceu.

— Mãe não se esqueça da promessa que fez lá no centro, você sabe como funciona, é melhor não deixar pra depois vamos logo pagar.

Ao ver este diálogo, fiquei pensando naquelas senhoras, não olhavam para a própria situação, naquele momento a alegria sobre a desgraça alheia era um refrigério. Que pena tenho de pessoas que se alegram quando o outro chora, que não perdoa, entretanto faz suas preces a Deus quando a necessidade bate a porta; mas o que vale uma oração de uma pessoa com o coração cheio de maldade? Jesus ensinando o homem a orar deu um exemplo como se deve comportar, ele diz claramente que se deve perdoar ao próximo, vejamos abaixo: *"vós orareis assim: Pai nosso, que estás nos céus, santificado seja o teu nome; venha o teu reino; faça-se a tua vontade, assim na terra como no céu; o pão nosso de cada dia dá-nos hoje; e* ***perdoa-nos*** *as nossas dívidas,* ***assim como nós temos perdoado aos nossos devedores****; e não nos deixes cair em tentação; mas livra-nos do mal, pois teu é o reino, o poder e a* *glória para sempre. Amém!". Logo a seguir Ele disse:* ***Porque se perdoardes aos homens as suas ofensas, também vosso Pai celeste vos perdoará; se, porém, não perdoardes aos homens [as suas ofensas], tampouco vosso Pai vos perdoará as vossas ofensas***. Neste caso fica comprovado que o ódio destrói nossa intimidade com Deus, lutar contra ele é tarefa difícil, só o vence quando se nega a si mesmo, para isto tem que haver interesse em seguir verdadeiramente a Jesus Cristo. Quando nosso objetivo é este oramos até pelos nossos inimigos. O sentimento de ódio não pode ter espaço em nossas vidas ele é obra do destruidor, o ódio cega as pessoas, traz cegueira espiritual profunda, pessoas cegas espiritualmente tende seguir o engano, caminho do distanciamento de Deu. O pior é que tem gente que vive assim dentro das igrejas e acha que está tudo bem. Se você é um desses, mude enquanto há tempo, não é fácil, eu fui assim também, sei como é complicado, mas você é um soldado especial. Quando se livra disso pode ficar-se chateado com algo, mas nenhum embate, nenhuma ofensa te levará a desejar o mal ao próximo, muito pelo contrário, o sentimento será de passividade e de atitude diferente.

À noite foi de sono profundo pra dona Tais, se sentia bem descansada, ainda bem, pois antes das sete e meia desta quarta-feira o padre Danúbio chegara a sua casa, era costume dele chegar sem avisar na hora do café da manhã, quis saber por que tanto domingo não ia à igreja, foi aí que ele soube da enfermidade do Jorge Friantes, conversaram até as nove e o padre se foi, prometera rezar uma missa pela saúde dele.

Na sexta-feira bem cedo dona Taís foi comprar todas as oferendas prometidas ao centro de macumba, aquele homem, agora o marido da Nádia estava em casa, neste caso a mãe foi só fazer o pagamento aos espíritos no centro de macumba. Porém o marido da mãe também estava em casa, de tal modo geralmente ela não ia ao centro, mas este dia era especial pra ela, inventou uma situação para explicar ao marido, todavia não disse que ia ao centro, se estou certo, disse que visitaria dona Alessandra, esposa do gerente da estação que estava enferma, neste caso ele até a apoiou, assim ela se foi. Ao entrar no centro Tania há viu de imediato, deixou o que fazia veio ao encontro dela. Após as saudações lhe disse que os guias estavam muito zangados com a Jandira, sua inimiga, ela sumira e não dera notícia, esta atitude é uma afronta, neste caso era ponto pra ela. A dona Taís dizia orgulhosa que estava ali porque a questão já estava resolvida e narrara o acontecido, Jandira já tinha sumido.

Próximo das quatro da manhã ela voltou para

casa satisfeita por ter cumprido todas as obrigações impostas e achava que ganhara prestígio com os espíritos. Depois de viver sua alegria o dia seguinte foi dolorido, seu marido tivera uma forte dor antes das quatro da manhã, hora esta que no dia anterior voltava do centro de macumba. Desesperada bateu na casa de um vizinho na busca de um carro para leva-lo ao hospital, foi internado na hora.

Os dias passaram, já tinha passado quinze dias, a melhora não acontecia, os médicos sugeriram transferir para campos- RJ, ela sem recurso tentava buscar uma solução com os amigos dele da política, ouvia sempre promessas. Até que aquele homem, seu genro conseguiu através do sindicato rural levá-lo ao hospital indicado pelos médicos.

Capítulo 8

A Nádia passou a ter mais intimidade e ser igualmente atuante no ambiente de feitiçaria, tudo era feito escondido do marido, as crianças não compreendiam nada daquilo, e não era pra saber mesmo uma vez que elas eram levadas a seguir somente a religião católica, pois aos domingos pela manhã ela encaminhava todas as crianças a missa. Ela ia às sextas-feiras no centro e aos domingos a missa, confessava e comungava, assim como sua mãe sempre fazia, também ensinava as crianças, todas as criança foram batizadas e crismadas pelo padre Danúbio e seu auxiliar.

Aquele homem se mantinha distante, e fazia questão de deixar claro que todos soubessem que ele não gostava de padre, achava que todo padre era mentiroso, pois ele não acreditava que padre vivia sem mulher e filosofava "se Deus fez o homem e a mulher não há sentido um ou outro viver sozinho e dizer que isto era pra agradar a Deus", ele também não gostava de santos, achava que tudo era meio que a igreja tinha pra tirar dinheiro do povo, não frequentava igreja alguma, era protestante por conceito próprio. Sua vida era de viagens, não parava em casa, a Nádia é quem comandava tudo, os filhos dela tinham a devida proteção os da outra parte tinha apenas saudade do tempo em que não conheciam ninguém daquela gente, solicitavam retorno, era contenda de todos os lados. Os alicerces da família sonhada por aquele homem estavam abalados.

Naquele mês foi quase uma rotina, aos domingos a Nádia e mãe saíam cedo, ia a cidade de Campos dos Goytacazes visitar o Jorge Friantes, retornavam bem no fim da tarde, no último trem. Lembro bem daquele dia que voltaram abatidas, a situação se agravara, nem respondeu direito a pergunta daquele que fora busca-las na estação, caminhavam abatidas, as duas de cabeça baixa, só muito perto de casa é que notaram o carro parado em frente da casa da mãe.

— Nádia aquilo lá não é mais uma das suas, estou certa?

— Credo mãe, eu sei lá quem é?

As duas aumentaram os passos, a placa do veiculo dizia que era de Vitória- ES. Entraram pelo portão que leva ao fundo da casa, adentraram a casa pela cozinha, a filha de Nádia sabendo que eram elas correu para anunciar que aquela visita estava ali a muito tempo as esperando, elas prontamente caminharam para a sala.

— Quanto tempo Isaura, nem acredito que tenha lembrado de nós.

— Como me esqueceria? Amo vocês. Fiquei sabendo que o senhor Jorge Friants está doente.

— Está, viemos do hospital...

Depois de longa conversa ela se levantou, seu horário tinha chegado, ia ao encontro do marido pra voltar ainda naquele dia pra Vitória, porém disse que antes de ir passaria ali novamente, uma pessoa queria pedir desculpa a dona Tais, ela não a identificou apesar da insistência da mãe e da filha.

Após a ida daquele senhora, dona Tais e a filha conversavam sobre a visita, não compreendiam como aquela que fora empregada da casa, cozinheira, agora chegava de carro e com aquela aparência admirada, as perguntas eram muitas, as respostas não eram encontradas.

Antes de uma hora a Isaura retornava, trazia consigo dona Jandira, o choque foi grande quando a viram saindo do carro, a Isaura caminhava ao seu lado, dona Jandira se apressou. O marido da Isaura permaneceu no carro, ele é quem dirigia agora.

— Pois é Tais, antes de falar qualquer coisa quero dizer que eu me comportei estupidamente, venho aqui pedi perdão, hoje sou nova criatura, aceitei o evangelho de Cristo. Ele através da Bíblia me ensina a viver nesta terra corretamente, por isto reitero me perdoa, eu era muito estupida, tinha um coração invejoso e outras maldades me dominavam.

A mãe, a filha e as crianças mais ao longe prestavam atenção, ouviam calados. No entanto antes que ela terminasse a Nádia soltou a frase "você agora é Bíblia?" Ela respondeu que encontrara a vida, disse que o seu filho e sua nora sempre mostrou pra ela este caminho, mas ela preferia seguir o próprio, aquele que aprendera lá atrás, e continuou, se eu puder fazer alguma coisa por vocês pode contar comigo.

— A senhora vem aqui nos pedir perdão e acha que pode fazer algo, minha mãe e eu não queremos saber de você morra...

— Não, por favor, pense bem, é triste isto, a vida deste modo não leva a nada. Quero que vocês encontrem a verdade, assim estarão libertos deste ódio e de todas aquelas coisas que atrapalham o viver e tiram a paz...

Ela não disse mais nada, virou e saiu. A Isaura abraçou a dona Taís e a filha, disse em cada ouvido "só o amor constrói", logo após partiu.

As crianças que já estavam jantando, em silêncio ouviam a mais velha ou a abaixo dela falando de sua lembrança, não me lembro qual das duas, enquanto falava a lágrima brotava "o homem disse pra ela, seus irmão e seu pai ainda quando era criança, lá onde sua mãe tinha partido desta vida, lembrou até do nome do homem senhor Marcos, ela tentava repetir as palavras deste senhor "A morte da carne ninguém escapa, pois este corpo voltará ao pó, mas Deus cuida dos seus, Ele enviou aqui na terra Jesus Cristo para que o homem fosse liberto de toda obra do diabo, pois este é ladrão, só vem para roubar, matar e destruir; mas Jesus veio para que o ser humano tenha vida, a vida completa. Para isto acontecer não basta crer em Deus, pois um homem chamado Tiago, um homem que conviveu com Jesus nos deixou assim escrito: Tu crês que há um só Deus? Fazes bem; também os demônios o creem e estremecem". Enquanto ela falava a Nádia entrou na sala e lhe deu uma broca...

— Não quero gente Bíblia nesta casa viu? Você quer ser desse povo também?

Gente Bíblia antigamente era todo aquele reconhecido como crente em Jesus Cristo e tinha a Bíblia como palavra final, superior a palavra da igreja.

Aquela criança era tinhosa, não deixou barato, resmungou, ficou calada alguns segundos e retrucou.

— Eu sei que a senhora é feiticeira também, mas eu não tenho medo, o senhor Marco disse que *Cristo seria comigo e com meus irmãos, que eu não deveria me assustar com o que parecesse impossível e nem meus irmãos, as dificuldades não serão empecilhos, nem a senhora e nem ninguém poderá nos impedir de sermos felizes, a senhora verá a glória de Deus na nossa vida, do nada de hoje nascerá a fartura.* Assim que meu pai chegar vou embora daqui.

A mulher começou a modificar o semblante e a voz, dona Tais adentrou a sala e levou a Nádia para o quarto, depois de alguns minutos os filhos daquele homem também foram levado ao quarto, a moça que retrucou se recusou. Lá a Nádia com aparência e voz estranha falava coisas esquisitas, dizia ser a mãe das crianças manifestada. Dona Tais mandou um dos filhos de Nádia ir correndo na casa de Tania, ela não veio, mas seu parceiro Alfredo chegou, já trazia consigo o que ia precisar, ele era especialista nessas coisas.

O final desta história, ou seja, o que ficou dito é que ela tinha incorporado a mãe daquelas crianças, a mãe desceu a terra para trazer mensagem para eles.

Isto é uma grande mentira, depois de morto

o ser humano não volta a terra, o que tinha acontecido ali, pode ter sido uma dessas duas coisas que narro a seguir: ou aquela senhora queria impressionar as crianças, ou era um demônio querendo mostrar o domínio que tinha sobre aquela família. Ele é mentiroso, a Bíblia diz que este coisa-ruim se faz passar até como anjo de luz para enganar as pessoas.

No dia seguinte alguém do hospital ligou dizendo que Jorge Friants estava de alta. Foi uma alegria imensa, um dos filhos, irmão da Nádia alugou um carro e partiu para buscá-lo. Na semana seguinte ele morreu em casa.

A situação piorou, a dona Tais tentava buscar no antigo INPS (Instituto Nacional de Previdência Social) o direito sobre a contribuição que seu marido fizera, depois de um tempo longo aconteceu o primeiro recebimento, com este dinheiro passou a sobreviver, o negócio da pensão tinha deixado praticamente de existir.

Aquele homem não conquistou nada e também passava dificuldade, dos filhos sobrou só um, os outros tinham partido pra casa de parentes, porém ele dava um tempo, tinha em mente busca-los novamente. O projeto do trabalho que tanto desejava não deu certo, andava triste, não via futuro e recebera a notícia que sua mãe, já velha e cansada estava muito doente, partiu para visitá-la, antes, porém foi na casa da filha em terras distante. Depois de dois dias foi a visita da mãe, chegando chorou, lembrou do tempo de criança quando ela com a enxada o deixava a sua vista sempre debaixo de uma grande árvore. Pegou a mão da mãe, alisava, sua mãe abriu os olhos, lhe deu um sorriso, ele a abraçou, logo saiu mais triste que entrou, sentiu que o estado era gravíssimo, aguardava a morte da mãe. Ao cair da tarde foi a casa de um amigo de infância, agricultor antigo calejado da labuta. A alegria foi grande, amigos que a muito tempo não se viam, logo um frango foi morto, torresmo foi servido enquanto o jantar não chegava. Depois de uma longa e animada conversa subitamente aquele homem começou a passar mal, o estado foi piorando rapidamente, antes de chegar ao hospital sua vida se foi. Quando a notícia chegou que aquele homem tinha morrido, o desencontro foi total uma vez que a mãe dele é quem estava doente em estado terminal, mas a notícia estava certa, aquele homem tinha morrido.

Suas crias seguiram sozinhas...

Àquelas crianças tinham agora outra jornada, mas aquela semente que fora plantada quando elas ainda eram muito pequenas nunca apartou da vida delas. *"Se alguém me ama, guardará minha palavra, meu pai o amará e viveremos para ele e faremos nele morada" é a proteção eterna, crianças, Cristo será com vocês, não se assuste com o que parecer ser impossível na vida de vocês, as dificuldades não serão empecilhos para colheita do futuro, quem confiar verá a glória de Deus, do nada de hoje nascerá a fartura.* Está foi a palavra proferida pelo senhor Marcos àquela família, ela se cumpriu sem sombra de dúvida.

Quando olho pra trás vem à memória esta história, verdades e imagens de criança que hoje adulto agradece a Deus por ter sobrevivido.

Sim Cristo está vivo, Deus é fiel.

Salmo 62.10 - 1ª Timóteo 6:10 - Gênesis 3: 4-6 - João 12: 44-48 - Mateus 6: 9-15

Nesta "viagem" pude observar que aquele homem nunca se realizou, apesar de sua paixão, quem sabe em prol da família abriu mão dos objetivos pessoais, porém nisso não há louvores é obrigação o cuidado. É certo, quando vivia sua vida só tivera muitos planos, o profissional era o mais evidente, mas quando seu caso de amor virou casamento este deixou pra depois, contudo a vida passa depressa, nem sempre dá tempo para todos os projetos.

"Você já prestou atenção como a vida passa depressa? As escolhas são quem escrevem o destino. Entretanto cuidado, arrependimento que deixa remorso abriga cicatriz, com o passar do tempo se alastra na gente e nos domina, só Deus pode dar libertação".

www.ingramcontent.com/pod-product-compliance
Ingram Content Group UK Ltd.
Pitfield, Milton Keynes, MK11 3LW, UK
UKHW041642190726
13854UKWH00006B/2644